大學

LE TA-HIO,

OU

LA GRANDE ÉTUDE,

OUVRAGE DE CONFUCIUS ET DE SON DISCIPLE TSENG-TSEU.

TRADUIT DU CHINOIS

PAR M. G. PAUTHIER.

PARIS,

DE L'IMPRIMERIE D'ÉVERAT, RUE DU CADRAN, N° 16.

1832.

LE TA-HIO, OU LA GRANDE ÉTUDE,

OUVRAGE DE CONFUCIUS ET DE SON DISCIPLE TSENG-TSEU,

(Traduit littéralement du chinois *.)

TA HIO (1). — LA GRANDE ÉTUDE.

§ I. La voie de la grande étude consiste à mettre en lumière, cultiver ou développer la nature rationnelle, ou la faculté

---

* Cette traduction a été faite sur un texte chinois gravé à Paris, qui se trouve maintenant à la librairie orientale de Dondey-Dupré ; mais elle a été revue sur un texte plus correct imprimé en Chine, et accompagné d'un commentaire du célèbre philosophe *Tchou-hi,* dont on a traduit des extraits. Il existe déjà plusieurs traductions plus ou moins fidèles de cet ouvrage, en latin, en français et en anglais. Celle qui suit est aussi littérale qu'il a été possible de la faire en français.

(1) Le célèbre commentateur philosophe TCHOU-HI dit que le premier caractère de ce titre se lisait anciennement *Taï*, mais qu'aujourd'hui on le prononce à la manière accoutumée *Ta.*

Ce *livre* est le premier des SSE-CHOU, ou *Quatre Livres Classiques,* dont les trois premiers sont attribués à *Confucius (Koung-fou-tseu),* et le quatrième à *Mencius (Meng-tseu).* Le philosophe *Tching-tseu* dit que c'est un ouvrage posthume de *Confucius,* et que « pour ceux qui commencent à étudier les sciences morales et politiques, c'est la porte pour entrer dans le chemin de la vertu. »

Le titre de *Grande Étude,* d'après TCHOU-HI, indique *l'Étude propre aux hommes raisonnables.* Ce qui confirme cette explication, c'est le titre de *Siao-hio,* ou *Petite Étude,* donné par *Tchou-tseu* à un livre également classique pour l'instruction de la jeunesse.

intelligente que nous avons reçue du Ciel en naissant (1), à renouveler le peuple, et à ne s'arrêter que lorsque l'on est parvenu à la perfection ou à son but final (2).

§ II. La fin ou le but auquel on doit tendre étant une fois connu, l'esprit prend une détermination ; ayant pris une détermination, il peut se reposer tranquillement dans cette détermination (3) ; étant en repos dans sa détermination, l'ame est sereine et calme ; l'ame étant sereine et calme, elle considère attentivement la nature des choses ; ayant bien considéré la nature des choses, elle est sûre de parvenir à son but de perfection.

§. III. Les choses [dans la nature végétale] ont des racines et des rejetons : toute affaire a un commencement et une fin. Connaître ce qui vient le premier (*la cause* ou *le principal*), et ce qui vient après (*l'effet* ou *le secondaire*), c'est approcher de la Suprême Raison (du *Tao*) (4).

---

(1) C'est là le sens que donne TCHOU-HI à *ming-te*, litt. : *brillante vertu*, qui est dans le texte. Il ajoute que *c'est une faculté intelligente, qui n'est point obscure, qui est le principe rationnel chez tous les hommes, et qui opère ou agit secrètement dans toutes les actions de la vie. C'est ce principe qui restreint ou réfrène les esprits vitaux (les passions naturelles) ; c'est lui qui modère les désirs de l'homme. Il arrive des momens où cette nature rationnelle, cette faculté native s'obscurcit ; alors il faut rendre à cette faculté native son lustre primitif ; ce qui est toujours possible. C'est pourquoi celui qui en fait son étude doit chercher à connaître ce qu'elle produit ou ce qu'elle prescrit, et l'illustrer ou le mettre en lumière en le suivant : c'est par là qu'il retourne à son principe.*

(2) Les commentateurs entendent par là la parfaite conformité de toutes ses actions avec la droite raison, avec cette faculté rationnelle primitive que nous avons reçue du ciel.

(3) C'est cet état de quiétude parfaite de l'ame que rien d'heureux ni de malheureux ne peut troubler, et que les *Tao-sse* ont poussé jusqu'à l'extase, comme les *Yoguis* de l'Inde, les *Sofis* de Perse et les *Ascètes* de tous les pays ; mais ici c'est la satisfaction calme et stoïque de la raison éclairée, qui sait d'où elle vient, où elle va, et le chemin droit qu'elle suit.

(4) La *pure faculté rationnelle ou intelligente que nous avons reçue du ciel*

§ IV. Les anciens princes (1) qui désiraient rendre à sa pureté primitive et remettre en lumière dans tout l'empire la vertu (ou la faculté vertueuse) que nous tenons du ciel, s'attachaient d'a bord à bien gouverner leurs provinces; — désirant bien gouverner leurs provinces, ils commençaient par bien administrer leurs familles ; — désirant bien administrer leurs familles, ils commençaient par orner leur personne (c'est-à-dire *par se corriger eux-mêmes*) ; — désirant orner leur personne, ils commençaient par rectifier leur cœur (ou principe intelligent) ; — désirant rectifier leur cœur, ils commençaient par purifier (*litt. :*

---

en naissant constitue le *fondement,* la *cause* ou la *racine; —* la *rénovation du peuple* constitue les *rejetons* ou les *effets.—Connaître la fin ou le but auquel on doit tendre,* constitue *le commencement; — pouvoir atteindre ce but,* constitue *la fin.—*La *racine,* le *commencement,* sont ce qui *précède,* = les *antécédens ;* les *rejetons* et *la fin,* sont ce qui *suit,*=les *conséquens.* Voilà le sens logique des deux propositions du texte ci-dessus. »   TCHOU-HI.

Le *Tao* ou la *Suprême Raison* de ce paragraphe est cette faculté rationnelle abstraite, divinisée par le philosophe LAO-TSEU, qui en a fait le type et la règle de toutes les actions de l'homme ; un être enfin revêtu des plus hauts et des plus profonds attributs de la divinité, qui anime le monde et agit dans tous les êtres. Le caractère qui représente cette intelligence abstraite signifiait primitivement *voie, chemin, voie droite, règle de conduite, principe normal ;* ensuite *parole, parler.* Dans Confucius et chez les philosophes de son école, ce mot signifie proprement *voie droite, règle de conduite, principe normal des actions.* On pourra voir dans notre traduction du *Tao-te-king* (1), ou livre du *Tao,* = de *la Raison suprême* et de la *Vertu* par LAO-TSEU, la nouvelle acception de ce mot qui peut être assimilé au λόγος des pythagoriciens, des platoniciens et des stoïciens.

(1) CONFUCIUS dans ce paragraphe enseigne par la voie de *l'énumération,* après avoir posé les *principes,* quelles sont les choses qui doivent être ration nellement entreprises avant les autres pour parvenir au but déterminé, et quelles sont celles qui leur succèdent dans l'ordre logique ; quels sont les *antécédens* et les *conséquens,* les *racines* et les *branches* ou *rejetons* Il ne faut pas perdre de vue cette manière de procéder.

---

(1) Cette traduction, accompagnée du texte chinois, et d'un très-grand nombre de commentaires chinois traduits, formant 1 fort vol. in-4°, a été présentée, il y a plus de quatre mois, à une commission établie à l'Imprimerie royale, pour en autoriser l'impression aux frais du gouvernement.

verum-facere) leurs intentions ; — désirant purifier leurs intentions, ils commençaient par perfectionner leurs connaissances; perfectionner ses connaissances, c'est pénétrer la nature (ou *l'origine et la fin*) de toutes choses (1).

§ V. La nature des choses étant pénétrée, la connaissance de l'esprit sera ensuite parfaite ; — étant devenue parfaite, les intentions seront ensuite purifiées ; — les intentions étant purifiées, le cœur sera ensuite rectifié; — le cœur étant rectifié, la personne sera ensuite ornée (*corrigée*); — la personne étant ornée, la famille sera ensuite bien administrée ; — la famille étant bien administrée, le royaume sera ensuite bien gouverné ; — le royaume étant bien gouverné, alors tout ce qui est sous le ciel sera tranquille et heureux (2).

§ VI. Depuis le fils du ciel (*l'Empereur de la Chine*) jusqu'au dernier du commun des hommes, devoir égal pour tous : orner

---

(1) « Ceux qui *rendent à sa pureté primitive et remettent en lumière dans tout l'empire la nature rationnelle de l'homme, ou cette faculté vertueuse reçue du ciel en naissant,* font en sorte que tous les hommes puissent rappeler leur *nature* ou *faculté vertueuse* à sa *pureté primitive.* Le *cœur,* ou le *principe intelligent,* est ce qui commande au *corps,* ou à la *personne,* à l'*individu organisé....* La *nature des choses* s'entend des *actions,* des *affaires* de la vie humaine. Ces huit choses sont les catégories ou les classes distinctes (*Tiaô-mo*) de la *Grande étude.* » TCHOU-HI.

(2) « *La nature des choses,* c'est leur principe rationnel d'existence scruté dans son essence la plus intime à laquelle on peut atteindre. *La connaissance perfectionnée de l'esprit,* c'est le moyen de connaître notre intelligence, portée à sa dernière perfection. *Connaître* et ensuite *épuiser tous les moyens de connaissance,* c'est par ce procédé que les *intentions* ou la *volonté* peuvent atteindre à la *pureté* ou à l'état de *vérité immuable,* etc. » TCHOU-HI.

CONFUCIUS, dans les deux paragraphes précédens, procède par la voie de la synthèse et de l'analyse. La méthode, qui indique la droiture de l'esprit et l'exercice du jugement, se montre ici dans toute sa simplicité. A défaut du syllogisme régulier, la formule logique que l'on nomme *sorite* y est exprimée avec précision ; c'est un véritable procédé d'esprit philosophique. « Les Lettrés, dit un écrivain » chinois, regardent ce paragraphe comme un précis sublime de tout ce que la » philosophie, la politique et la morale ont de plus lumineux et de plus indubi- » table. »

sa personne (*se corriger soi-même*) est le fondement (*de toute
perfection.*)

§ VII. La principale affaire (*celle de se corriger soi-même*)
étant troublée, en désordre, comment celle qui n'est que secondaire (*la famille et le royaume*) serait-elle bien gouvernée ? —
Traiter légèrement ce qui est *le principal* ou le plus important ,
et gravement ce qui n'est que *secondaire :* c'est agir contrairement à la raison.

> Le chapitre du *King* ou *Livre* qui précède , contient les propres pa-
> roles de Çonfucius , recueillies par son disciple Thsêng-Tseu , qui
> les a commentées dans les dix sections ou chapitres suivans , renfer-
> mant ses propres idées, recueillies à leur tour par ses disciples. Dans les
> anciennes copies se trouvent quelques fautes que Tching-Tseu a cor-
> rigées : nous avons suivi ses leçons dans le texte suivant revu par nous.
>
> Tchou-hi.

COMMENTAIRE DE THSÊNG-TSEU (1).

CHAPITRE PREMIER.

§ 1. Le *Kang-Kao* (2) dit : « Il était capable (*Wen-Wang*)
de rendre à la vertu sa pureté et son éclat primitif du ciel. »

---

(1) Thsêng-tseu, pour prouver la vérité et la supériorité de la doctrine de son
maître Confucius , recourt à des autorités tirées des anciens livres révérés des
Chinois ; méthode constamment suivie par l'école de Confucius, qui semble
appuyer toutes ses doctrines sur l'autorité des exemples , et non pas sur des rai-
sons intrinsèques philosophiques tirées du raisonnement ou de la nature des choses,
comme font les philosophes de l'école de Lao-tseu, et Lao-tseu lui-même, qui en a
donné l'exemple à ses disciples. Le contraste est si frappant entre les deux écoles,
que Confucius et ses disciples poussent l'abus de ce moyen de persuasion jusqu'à
en être extrêmement fastidieux; tandis que Lao-tseu ne cite pas une seule fois un
nom historique chinois, ou tout autre quelconque à l'appui de ses doctrines, qu'il
déduit plus ou moins judicieusement de la nature des choses et du cœur de
l'homme, d'après des traditions que ce n'est pas ici le lieu d'exposer.

(2) Un des chapitres du *Chou King*, ouvrage compilé et mis en ordre par
Confucius. Il a été traduit en français par Gaubil et publié par Deguignes ,
en 1770.

§ 2. Le *Taï-Kia* (1) dit : « Le roi TANG était sans cesse oc-
» cupé à développer et à cultiver le don de l'intelligence qu'il
» avait reçu du ciel. »

§ 3. Le *Ti-Tien* (2) dit : « Il était propre (*Yao*) à faire
» briller la haute vertu. » Tous développèrent et cultivèrent par
eux-mêmes leur nature rationnelle (3).

Le Premier Chapitre qui précède (du Commentaire de THSÈNG-
TSEU) explique ce que l'on doit entendre par *mettre en lumière, cultiver
ou développer la nature rationnelle, la faculté intelligente que nous
avons reçue du ciel en naissant.* (§ I du texte de CONF.).

CHAPITRE II.

§ 1. Des caractères gravés sur la baignoire de l'Empereur
Tang disaient : « Renouvelle (*ou* purifie) -toi chaque jour;
» fais-le de nouveau, encore de nouveau, et toujours de nou-
» veau (4). »

---

(1) Autre chapitre du *Chou-King*.

(2) *Idem*.

(3) Le premier exemple cité par THSÌNG-TSEU, dans ce chapitre, est tiré d'un
ancien livre ou poème composé par *Wou-Wang*, fils de l'empereur *Wen-
Wang*, en l'honneur de son père, pour servir d'instruction à son frère cadet
Kang-cho, en l'envoyant gouverner une province de l'empire, environ onze cents
ans avant notre ère. Ce livre a été inséré, par CONFUCIUS, dans le *Chou-King*.
et forme le neuvième chapitre de cet ouvrage.

Le second exemple est tiré d'un livre plus ancien, composé par le célèbre
Y-Yn, premier ministre de *Taï-Kia*, de quinze à dix-sept cents ans avant
notre ère; le troisième est tiré d'un livre ou poème encore plus ancien, composé
en l'honneur de *Yao*, qui régnait deux mille trois cents ans avant la même pé-
riode; ces deux derniers sont également insérés dans le *Chou-King:* ils en for-
ment les premier et cinquième chapitres.

(4) Cette coutume antique des Chinois, d'inscrire des sentences morales tirées de leurs livres les plus révérés, sur leurs baignoires comme sur leurs vases
usuels, est digne d'être remarquée, comme une preuve du caractère moral et de
l'esprit cultivé de cet ancien peuple. Toutes les bibliothèques ou cabinets d'é-
tude, les chambres à manger, à coucher, jusqu'aux éventails que nous pouvons

§ 2. Le *Kang-Kao* dit encore : « Renouvelle ou fais nouveau
» le peuple. »

§ 3. Les Odes disent : (1)»

> « Quoique le royaume de *Tchéou* fut très-ancien (eût des habitudes
> invétérées) ,
> » *Wen-Wang*, en se conformant à la volonté du ciel , opéra une
> rénovation. »

§. 4. Cela prouve qu'il n'y a rien en dehors du pouvoir du
sage , quand il veut user de tous ses efforts pour parvenir à la
perfection.

> Le *Second Chapitre* qui précède explique ce que l'on entend par
> *renouveler le peuple.*

CHAPITRE III.

§ 1. Les Odes disent :

> « C'est dans un rayon de mille *Li* (cent lieues) de la résidence royale
> » Que le peuple aime à fixer sa demeure (2). »

§ 2. Les Odes disent :

> « L'oiseau jaune au chant plaintif *miĕn-mán*
> » Demeure dans le creux touffu des montagnes (3). »

Tseu (Confucius) observe :

« En se reposant , l'oiseau connaît le lieu qui lui est conve-
» nable ; est-ce que l'homme n'en sait pas autant que l'oiseau ? »

---

admirer dans nos salons , portent de semblables inscriptions analogues aux lieux
et aux objets sur lesquels elles se trouvent inscrites. Souvent le titre d'un livre
porte le nom de la bibliothèque de l'auteur. Partout , une sentence morale frappe
les yeux , orne l'esprit et inspire des sentimens de vertus , comme dans l'institut
de Pythagore.

(1) Le *Chi-King*, livre des vers ou des Odes, recueillies par Confucius.

(2) Chi-King, *Chang-Soung*, ode 3.

(3) Chi-King, *Siao-Ya*, ch. 8, ode 6.

§ 5. Les Odes disent :

> « Que la vertu de *Wen-Wang* était vaste et profonde !
> » Comme il sut réunir et faire briller toutes les vertus, en atteignant
> » la perfection ! »

Comme roi, il faisait consister la perfection (1) ou la première qualité d'un prince, dans l'humanité, qui est la bienveillance universelle ; comme ministre, dans le respect ; comme fils, dans la piété filiale ; comme père, dans la tendresse paternelle : comme membre de la société, dans la sincérité et la fidélité.

§ 4. Les Odes disent :

> « Regarde là-bas sur les bors du *Ki*,
> » Oh ! qu'ils sont beaux et abondans les verts bambous !
> » Telle est la vertu de l'homme supérieur.
> » Comme l'ivoire divisé et uni ;
> » Comme les pierres précieuses taillées et polies ;
> » Qu'elle est exquise ! qu'elle est imposante !
> » Qu'elle est resplendissante ! qu'elle est illustre
> » La vertu de l'homme supérieur !
> » Elle ne peut jamais tomber dans l'oubli (2) ! »

Comme on divise et polit l'ivoire, l'homme sage embellit son esprit en étudiant la suprême raison. *Comme on taille et polit les pierres précieuses*, il corrige et orne sa personne. Les expressions : *qu'elle est exquise ! qu'elle est imposante !* désignent la vénération qu'inspire sa vertu. *Qu'elle est resplendissante ! qu'elle est illustre !* expriment combien cette vertu est majestueuse et belle. *La vertu de l'homme sage ne peut jamais*

---

(1) Le *point de repos*, ou l'*état de perfection* auquel on doit tendre et dans lequel on doit se fixer. « Le saint homme ou le sage, dit *Tchou-hi*, ne s'arrête que lorsqu'il est parvenu au souverain bien ou à la *perfection*. »

(2) Chi-King, *Weï-Foung*, ch. 5, ode 1, à la louange du prince *Ou-Koung*, désigné par les deux caractères *Kiun-tseu*, qui signifient *homme supérieur, homme sage* et *prince*.

étre oubliée, caractérise cette perfection de la raison , cette suprême vertu que le peuple ne peut oublier.

§ 5. Les Odes disent :

« Comme la mémoire des anciens rois (*Ouen* et *Wang*) est restée dans le sou-
» venir des hommes ! »

Les sages (ou les bons princes) doivent imiter leur sagesse , et chérir ce qu'ils chérissaient.

Les hommes inférieurs (le peuple) se réjouissent de ce qui fut leur joie et profitent de ce qu'ils firent de bien et de profitable. Voilà pourquoi ils ne seront point oubliés dans les siècles à venir.

Le *Troisième Chapitre* qui précède explique ce que l'on entend par *ne se reposer qu'au sommet du souverain-bien*, ou lorsque l'on a atteint la perfection, le *but final*.

CHAPITRE IV.

§ 1. *Koung-Tseu* (Confucius) a dit :

« En écoutant plaider, je juge comme les autres hommes ;
» mais ce qui serait nécessaire, ce serait de faire en sorte d'em-
» pêcher les procès et les dissensions. Ceux qui sont fourbes et
» méchans, il ne faut pas permettre qu'ils épuisent leurs mau-
» vaises paroles (1). Par là un respect salutaire pour la vertu
» s'empare de l'esprit du peuple. Cela s'appelle connaître l'ori-
» gine ou la source (2). »

Le *Quatrième Chapitre* qui précède explique la *racine et les branches ou les rejetons :* ou le *principal* et le *secondaire*.

---

(1) Les mauvais moyens de défenses qu'ils emploient.

(2) « Les paroles de *Confucius* indiquent que le saint homme ou le sage peut faire en sorte que les hommes fourbes et méchans ne puissent pas ou n'osent pas épuiser leurs mauvais discours ; car nous, en rendant à la vertu, à notre faculté rationnelle, son primitif éclat, sa pureté première, nous éclairons par conséquent leur esprit, et le peuple ressent un respect salutaire et naturel pour une vertu brillante. »

Tchou-hi.

CHAPITRE V.

§ 1. Cela s'appelle connaître la racine ou l'origine des choses.

§ 2. Cela s'appelle le dernier terme de la science.

> Le *Cinquième Chapitre* qui précède (il n'y a qu'un court fragment) explique *la considération attentive de la nature des choses et le sens de la suprême science* ; il est maintenant presque entièrement perdu.

TCHOU-HI ajoute : Le reste du *Cinquième Chapitre*, qui explique dans quel sens on doit entendre *la perfection des connaissances*, comme existant dans *la connaissance parfaite de la nature des choses* , étant maintenant presque entièrement perdu, j'ai essayé de recourir aux idées de TCHING-TSEU [autre commentateur de CONFU-CIUS, un peu plus ancien que *Tchou-hi*], pour suppléer à cette lacune. Il observe que ce qui est appelé dans le texte *la connaissance parfaite qui consiste dans une perception distincte de la nature des choses*, c'est comme si *Confucius* avait dit : «*Ce-lui qui désire atteindre la connaissance que je possède, doit méditer long-tems sur une chose, et examiner attentivement son principe = sa raison d'être* ; car, comme la raison ou l'intelligence de l'homme n'est pas évidemment incapable de con-naître, = ou est adéquate à toute connaissance : (*mou pou yeou tchi : haud non habet scientiam, vel sciendi facultatem*), et que les choses du monde ou les êtres de la nature ne sont pas sans avoir un principe, une cause, ou une raison d'être (*li*), ce n'est qu'en examinant, en scrutant attentivement ces causes, ces prin-cipes, que l'on peut obtenir une *connaissance parfaite* ; autrement elle est in-exacte et incomplète. C'est pourquoi le TA-HIO, la *Grande Étude*, commence par enseigner que l'étudiant de la sagesse doit examiner attentivement toutes les choses du monde (*litt. : qui sont sous le ciel,* = les actions humaines, et les êtres de la nature) en raisonnant d'après ce qu'il connaît déjà de la nature des choses ou de leur raison d'être (*li*) pour porter ses connaissances à leur dernière limite ; et qu'il doit s'appliquer constamment à augmenter ses connaissances, en cherchant à pénétrer dans la nature la plus intime des choses. En exerçant ainsi ses fa-cultés intellectuelles, toute son énergie (*li*, force), pendant long-tems, l'esprit s'étend et parvient enfin à acquérir une compréhension ou connaissance profonde des choses ; alors la nature *intrinsèque* et *extrinsèque* (*litt. : le vêtement* ou *l'aspect extérieur, et la partie la plus cachée du vêtement* ou *l'intérieur*), *l'essence intime* la plus abstraite, et la *partie la plus grossière* des choses seront complétement connues, et notre intelligence étant pour ainsi dire incorporée avec leur substance, par une longue investigation, une expérience suivie, notre esprit deviendra parfaitement éclairé sur la nature des choses. Cela s'appelle *perfectionner ses connaissances*, cela s'appelle *pénétrer la nature des choses* (1). »

CHAPITRE VI.

§ 1. Ce qui est appelé *purifier les intentions* (est ceci) : Ne t'abuse point toi-même, hais le vice comme une odeur désagréable (une contagion dangereuse); aime la vertu comme une belle couleur ou une belle forme. Voilà ce qui est appelé le contentement de soi-même. C'est pourquoi le sage veille attentivement sur ce qu'il a en lui de plus secret (*sa conscience*).

§ 2. Les hommes vulgaires retirés dans leur intérieur ne pratiquent point la vertu; il n'est rien qu'ils ne poussent à l'excès. Quand ils voient un homme sage, alors ils feignent de lui ressembler, en cachant leur conduite vicieuse, et en faisant parade d'une vertu simulée.

§ 3. L'homme sage les voit, et il est comme s'il pénétrait leur foie et leurs reins; alors à quoi leur sert-il (de dissimuler)? C'est là ce que l'on entend par le proverbe : « la droiture de l'*intérieur* se montre au *dehors*. » C'est pourquoi le sage veille attentivement sur ses pensées intimes (ou sur ce qu'il a en lui de plus secret).

§ 4. *Thseng-tseu* a dit : « De ce que dix yeux regardent quelqu'un, et de ce que dix mains le désignent, qu'a-t-il à redouter? »

§ 5. Comme la richesse orne une maison, la vertu orne la

---

(1) Ces idées du célèbre commentateur de CONFUCIUS, TCHING-TSEU, qui vivait un peu avant TCHOU-HI, vers la fin du onzième siècle de notre ère, sont très-remarquables. Elles indiquent beaucoup de raison et de logique dans l'esprit.

personne. Le cœur étant agrandi, le corps profite de même ; c'est pourquoi le sage doit purifier ses intentions.

Le Sixième Chapitre qui précède explique le précepte de *purifier les intentions.*

CHAPITRE VII.

§ 1. Ce qui est appelé « *orner sa personne* » consiste à *rectifier son cœur;* le cœur étant troublé par la passion de la colère, alors il ne peut obtenir cette *rectitude;* étant livré à la crainte, alors il ne peut obtenir cette *rectitude;* étant agité par la passion du plaisir, alors il ne peut obtenir cette *rectitude;* étant oppressé par la douleur, alors il ne peut obtenir cette *rectitude.*

§ 2. Le cœur n'étant point maître de lui-même, on regarde et on ne voit pas ; on écoute, et on n'entend pas ; on mange, et on ne connaît point la saveur des alimens.

§ 3. Voilà ce qui est appelé *orner sa personne*, consistant à *rectifier son cœur.*

Le Septième Chapitre qui précède explique le précepte de *rectifier son cœur* pour *orner sa personne.*

CHAPITRE VIII.

§ 1. Ce qui est appelé *bien administrer sa famille* consiste à *orner de vertus sa personne* (ou *commander à ses passions*).

Les hommes sont partiaux envers ceux qu'ils aiment : ils sont aussi partiaux (injustes) envers ceux qu'ils méprisent et qu'ils haïssent; envers ceux qu'ils craignent et qu'ils respectent, ils sont également partiaux (serviles) ; envers ceux dont ils ont pitié et qu'ils protègent, ils sont partiaux (peu indulgens) ; envers ceux qu'ils traitent avec supériorité, ils sont également partiaux (hautains). C'est pourquoi aimer, et connaître les défauts de ceux que l'on aime; haïr, et reconnaître les bonnes qualités de ceux que l'on hait, est une chose bien rare sous le ciel !

§ 2. De là vient le proverbe qui dit : « Les pères ne veulent pas reconnaître les défauts de leurs enfans, et les laboureurs la fertilité de leurs champs. »

§ 3. Cela prouve qu'un homme qui ne sait pas orner sa personne (ou se corriger soi-même) est incapable de bien administrer sa famille.

> Le *Huitième Chapitre* qui précède explique le précepte *d'orner de vertus sa personne* ou *de commander à ses passions* pour *bien administrer la famille.*

CHAPITRE IX.

§ 1. De même celui qui est appelé à *gouverner un royaume* doit avant tout *savoir bien administrer sa famille.* Quelqu'un qui ne sache pas instruire sa famille, et qui soit capable d'enseigner une nation d'hommes, cela ne s'est pas encore vu. C'est pourquoi le sage, sans sortir de sa famille, est capable de se perfectionner dans l'art d'instruire et de gouverner un peuple. Celui qui honore ses parens sert par là le prince ; celui qui remplit ses devoirs fraternels sert par là ses supérieurs ; celui qui est bienveillant étend cette bienveillance à toute la multitude.

§ 2. Le *Kang-Kao* dit :

(Un prince doit veiller sur son peuple) « comme une mère veille sur son jeune enfant. » Si le cœur de la mère est réellement attentif aux désirs de son enfant, quoiqu'elle ne connaisse pas exactement ce qu'il désire, elle ne se méprend pas beaucoup sur l'objet de ses vœux. Une mère ne commence pas par apprendre à nourrir et à élever ses enfans pour se marier ensuite.

§ 3. Si la famille du prince est humaine et charitable, la nation acquerra ces mêmes vertus. Si la famille a des manières condescendantes et polies, la nation deviendra condescendante et polie ; si le prince est avare et cupide, la nation se livrera aux troubles et à l'anarchie.

§ 4. *Yao* et *Chun* gouvernèrent l'empire avec l'amour de l'humanité, et le peuple les imita. *Kie* et *Tchèou* gouvernèrent l'empire avec cruauté, et le peuple les imita. Les choses qu'ils ordonnaient de suivre étaient contraires à ce qu'ils aimaient, et le peuple ne s'y soumit pas. C'est pourquoi le prince doit (lui-même) pratiquer la vertu, et ensuite inviter les autres hommes à l'imiter. Sa conduite doit être irréprochable; alors il pourra répréhender celle des autres hommes. Que n'ayant rien de bon dans le cœur et dans sa conduite, on puisse être capable de commander aux hommes ce qui est bon ! cela est impossible.

§ 5. C'est pourquoi le *bon gouvernement d'une nation* se trouve dans la *bonne administration de la famille.*

§ 6. Les Odes disent :

« Que le pêcher est délicieux et ravissant !
» Que son feuillage est abondant !
» Telle une fiancée entrant dans la demeure de son époux,
» Et mettant le bon ordre dans sa famille. »

Mettez le *bon ordre dans votre famille,* ensuite *vous pourrez instruire et diriger une nation d'hommes.*

§ 7. Les Odes disent :

« Faites ce qui est convenable entre frères et sœurs de différens âges. »

Si vous faites ce qui est convenable entre frères et sœurs de différens âges, alors vous pourrez *instruire et diriger une nation d'hommes.*

§ 8. Les Odes disent :

« Le prince dont la conduite est exempte de fautes verra tout son royaume
» imiter sa droiture. »

Il remplit ses devoirs de père, de fils, de frère aîné et de frère cadet, et ainsi le peuple l'imite.

§ 9. Cela veut dire que le *gouvernement d'une nation* consiste dans (les mêmes principes que) la *bonne administration de la famille* (1).

> Le *Neuvième Chapitre* qui précède explique le précepte qu'*il faut bien savoir administrer la famille* pour *bien gouverner une nation*.

CHAPITRE X.

§ 1. Celui que l'on dit pacifier la terre, c'est celui qui administre bien son royaume.

Exaltez (honorez) la vieillesse respectable, et le peuple aura beaucoup de piété filiale; exaltez la supériorité d'âge, et le peuple sera plein de frères cadets qui auront des égards pour leurs frères aînés; exaltez celui qui a pitié de l'orphelin, et le peuple ne le délaissera pas.

C'est ce qui fait que(en donnant ainsi l'exemple lui même) un prince a en lui la règle et la mesure des choses (2).

---

(1) Dans la politique de ces philosophes chinois, chaque famille, comme l'a déjà observé Collie, est une nation ou état en petit, et toute nation ou tout état n'est qu'une grande famille : l'une et l'autre doivent être gouvernées par les mêmes principes de sociabilité et soumis aux mêmes devoirs. Ainsi, comme un homme qui ne montre pas de vertus dans sa conduite et n'exerce point d'empire sur ses passions n'est pas capable de bien administrer une famille ; de même un prince qui n'a pas les qualités qu'il faut pour bien administrer une famille est également incapable de bien gouverner une nation. Ces doctrines ne sont point constitutionnelles, parce qu'elles sont en opposition avec la doctrine que le chef de *l'état règne* et *ne gouverne pas*, et qu'elles lui attribuent un pouvoir exorbitant sur ses administrés, celui d'un père sur ses enfans, pouvoir dont les princes, en Chine, sont aussi portés à abuser que partout ailleurs; mais d'un autre côté ce caractère d'assimilation au père de famille leur impose des devoirs qu'ils trouvent quelquefois assez gênans pour se décider à les enfreindre ; alors, d'après la même politique, les membres de la grande famille ont le droit, sinon toujours la force, de déposer les mauvais rois qui ne gouvernent pas en vrais pères de famille. On en a vu des exemples.

(2) Cela revient au principe fondamental et universel qui se trouve exprimé en propres termes dans le *Tchoung-Young* on *Invariable milieu* de *Confu-*

§ **2.** Ce que vous haïssez dans ceux qui sont au-dessus de vous, ne le pratiquez pas envers ceux qui sont au-dessous; ce que vous haïssez dans vos inférieurs, ne le pratiquez pas envers vos supérieurs; ce que vous haïssez dans ceux qui vous précèdent, ne le laissez pas à ceux qui vous suivent; ce que vous haïssez dans ceux qui vous suivent, ne le faites pas à ceux qui vous précèdent; ce que vous haïssez dans ceux qui sont à votre droite, ne le faites pas à ceux qui sont à votre gauche; ce que vous haïssez dans ceux qui sont à votre gauche, ne le faites pas à ceux qui sont à votre droite : voilà ce qui est appelé la raison et la règle de toutes choses.

§ **3.** Les Odes disent :

> « Quelle vive joie pour un prince
> » D'être le père et la mère de son peuple ! »

Ce que le peuple aime, l'aimer; ce que le peuple hait, le haïr : voilà ce qui est appelé « *être le père et la mère du peuple.* »

§ **4.** Les Odes disent :

> « Voyez au loin cette grande montagne du Midi,
> » Avec ses rochers entassés et menaçans !
> » Ainsi, ministre *Yn*, tu brillais dans ta fierté !
> » Et le peuple te contemplait avec terreur ! »

Celui qui possède un empire ne doit pas être négligent (du bonheur de son peuple); s'il ne tient compte de ces principes, alors la ruine de son empire en sera la conséquence.

---

cius : *Celui qui est sincère et attentif à ne rien faire aux autres de ce qu'il ne voudrait pas qu'on lui fît, n'est pas loin de la loi: ce qu'il désire qu'on ne lui fasse pas, qu'il ne le fasse pas lui-même aux autres.* (Tchoūng-Yoūng, ch. 13, §. 3. Traduction de M. *Abel Rémusat*); et dans le *Lün-Yü* ou *Dialogues moraux*, du même : *Ce qu'on ne désire pas pour soi-même, qu'on ne le fasse pas aux autres.* Cela a été écrit en Chine plus de cinq cents ans avant notre ère.

(19)

§ 5. Les Odes disent :

» Avant que les Princes de la dynastie de *Yn* eussent perdu l'affection du peuple,
» Ils pouvaient être comparés au Très-Haut.
» Nous pouvons considérer dans eux , comme dans un miroir ,
» Que le *décret* ou la *volonté* du ciel n'est pas facile à conserver. »

Ce qui veut dire :

Obtiens l'affection du peuple, tu obtiendras et conserveras l'empire ;
Perds l'affection du peuple et tu perdras l'empire (1).

§ 6. C'est pourquoi un prince doit, avant tout, se livrer soigneusement à la pratique de la vertu. S'il possède la vertu, il possédera le cœur des hommes ; s'il possède le cœur des hommes, il possédera aussi le territoire ou la souveraineté ; s'il possède le territoire, il en aura les revenus ; s'il en a les revenus, il pourra en faire usage (pour l'administration de l'état).

---

(1) Un commentateur ajoute : « La fortune du prince dépend du Ciel, et la volonté du Ciel existe dans le peuple. Si le prince obtient l'affection et l'amour du peuple, le Très-Haut le regardera avec complaisance et affermira son trône ; mais s'il perd l'amour et l'affection du peuple, le Très-Haut le regardera avec colère, et il perdra sa puissance. »

Par *Très-Haut*, litt. : *Suprême Empereur* (*Chang-ti*), les Chinois entendent un pouvoir au-dessus de l'empereur auquel celui-ci doit obéir : pouvoir vague non défini, souvent confondu avec le *thien*, ciel visible et invisible qui influe et domine sur toutes choses ; c'est à cette puissance suprême que les Chinois attribuent le pouvoir d'affermir et de renverser les trônes.

Il paraît, remarque le rév. Collie, que la maxime : *vox populi, vox **Dei***, n'est pas d'hier, mais qu'elle a été professée par les écrivains politiques de cette nation, dont le gouvernement a été regardé comme un modèle de despotisme. Un principe constamment professé par *Mencius* et d'autres philosophes chinois, c'est que, « toutes les fois qu'un prince régnant perd l'affection de la grande majorité » du peuple, en agissant contrairement à ce que le peuple regarde comme le bien » général, ce prince était rejeté ou désavoué par le Ciel, et devait être détrôné » par celui qui, au moyen d'un vertueux et bienveillant accomplissement de ses » devoirs, a gagné le cœur de la nation. »

§ 7. Celui qui possède la vertu possède la chose principale ; celui qui possède la richesse possède la chose secondaire.

§ 8. Quand la première (la vertu) est repoussée, et que la seconde (la richesse) est accueillie, le peuple se livre à la discorde et à la violence.

§ 9. C'est pourquoi, en accumulant les richesses, vous dispersez (ou éloignez) le peuple ; et en dispersant ces richesses, vous réunissez le peuple.

§ 10. C'est pourquoi, si quelqu'un laisse échapper des paroles contraires à la raison (injustes), il en recevra de contraires à la raison ; si quelqu'un acquiert des richesses par des moyens contraires à la raison (injustes), il les perdra aussi par des moyens contraires à la raison.

§ 11. Le *Kang-Kao* dit :

« La faveur du ciel (la possession du royaume) ne dure pas » toujours. »

Ce qui signifie qu'en suivant la vertu, on peut l'obtenir ; en ne la suivant pas, on la perd.

§ 12. Les chroniques de *Thsou* disent :

« La nation de *Thsou* ne regarde pas les richesses comme » précieuses : mais pour elle, la vertu seule est précieuse. »

§ 13. *Kioue Fan* a dit :

« Homme errant et fugitif, je n'ai rien trouvé de précieux (sur » la terre) ; l'humanité, et l'amitié pour ses parens, sont ce que » j'ai trouvé seulement de précieux. »

§ 14. Le *Tsin-chi* (instruction du roi de *Tsin*, dans le *Chou-King*) dit :

« Que n'ai-je un ministre d'une droiture parfaite, quand » même il paraîtrait n'avoir d'autre habileté qu'un cœur grand » et généreux ! Lorsqu'il verrait des hommes de grande capacité » il se les associerait, et n'en serait pas plus jaloux que s'il » possédait (leurs talens) lui-même. S'il venait à distinguer un » homme d'une vertu et d'une intelligence vastes, il ne se borne- » rait pas à en faire l'éloge du bout des lèvres, il l'estimerait

» avec cordialité et l'emploierait dans les affaires. Un tel minis-
» tre pourrait protéger mes enfans, leurs enfans et le peuple.
» Quel avantage n'en résulterait-il pas ?

» Mais si un ministre est jaloux des hommes de talent et qu'il
» éloigne ou tienne à l'écart ceux qui possèdent une vertu et
» une habileté éminentes, en ne les employant pas dans les char-
» ges importantes, — un tel ministre, quoique possédant des ta-
» lens, est incapable de protéger mes enfans, leurs enfans et le
» peuple. Ne pourrait-on pas dire alors que ce serait une calamité?»

§ 15. L'homme vertueux et plein d'humanité peut seul
éloigner de lui de tels hommes, et les rejeter parmi les barbares
des quatre extrémités (de la terre), ne leur permettant pas d'ha-
biter dans le royaume du milieu (la Chine).

Cela veut dire que l'homme vertueux et plein d'humanité seul
est capable d'aimer et de haïr convenablement les hommes.

§ 16. Voir un homme de bien et de talent, et ne pas lui donner
de l'élévation ; lui donner de l'élévation et ne pas le traiter avec
toute la déférence qu'il mérite, c'est lui faire injure. Voir un
homme pervers et ne pas le repousser ; le repousser et ne pas
l'éloigner à une grande distance, c'est une chose condam-
nable (pour un prince).

§ 17. Un (prince) qui aime ceux qui sont l'objet de la haine
générale, et qui hait ceux qui sont aimés de tous, fait ce que
l'on appelle un outrage à la nature de l'homme. Des malheurs
menacent certainement un tel prince.

§ 18. C'est pourquoi le prince qui a sa grande règle de conduite tracée par la propre dignité qu'il occupe, la conservera in-
violable par sa confiance dans le peuple et sa fidélité au peuple ;
l'orgueil et la violence la lui feraient perdre.

§ 19. Il y a un grand principe pour accroître les revenus (de
l'état ou de la famille). Que ceux qui les produisent (les revenus)
soient nombreux, et ceux qui les dissipent, en petit nombre. Que
ceux qui veulent en amasser se donnent beaucoup de peine ;

et que ceux qui les consomment pratiquent l'économie. Alors, de cette manière, les revenus seront toujours suffisans.

§ 20. Le prince qui est vertueux acquiert de la considération à sa personne, en usant de ses richesses; celui qui n'est pas vertueux augmente ses richesses aux dépens de sa considération.

§ 21. Il n'est jamais arrivé que, lorsque le prince (ou le supérieur) est vertueux et bienveillant, le peuple n'aimât pas la justice. Il n'est jamais arrivé qu'un peuple, plein d'amour pour la justice, ait négligé ses devoirs ; et l'on n'a jamais vu, dans de telles circonstances, que les revenus publics n'aient pas été exactement payés.

§ 22. *Meng-hien-tseu* (1) a dit : « Ceux qui nourrissent des chevaux et entretiennent des chars ne s'inquiètent pas des poules et des pourceaux (2). Une famille qui recueille de la glace (3), ne nourrit pas de bœufs et de moutons. Une famille de cent chars (un prince) n'a pas de ministres qui ne pensent qu'à amasser des trésors. Si elle avait des ministres qui ne pensassent qu'à amasser des trésors, mieux vaudrait qu'elle eût des ministres publiquement déprédateurs. »

Ce qui veut dire que ceux qui gouvernent les royaumes ne doivent pas faire consister leur richesse privée dans les richesses; mais qu'ils doivent la faire consister dans l'équité (*ou* la droiture) et l'amour du peuple.

§ 23. Si ceux qui gouvernent les peuples ne pensent qu'à amasser des richesses pour leur usage personnel, ils attireront indubitablement auprès d'eux des hommes dépravés; ces hommes

---

(1) C'était un sage, gouverneur dans la province ou royaume de *Lou*, qui vivait avan *Confucius*.

(2) Les grands ou les riches (*ta-fou*) de ce petit royaume qui se faisaient traîner sur un char attelé de quatre chevaux. C'est cet ancien luxe qui indigna le philosophe LAO-TSEU (V. *Tao-te-King*, chap. II.)

(3) C'était un ancien usage de se servir de glace dans les grandes familles , en offrant des sacrifices aux manes des ancètres.

leur feront croire par leurs flatteriesqu'ils sont bons et vertueux, et ces hommes dépravés gouverneront le royaume. Mais l'administration de ces indignes ministres appellera sur le gouvernement les jugemens divins et les vengeances du peuple. Quand les affaires publiques sont arrivées à ce point, quels ministres, fussent-ils les plus habiles et les plus vertueux, détourneraient de tels malheurs?

Ce qui confirme cette maxime, que la prospérité d'un royaume ne dépend pas de la pompe et des richesses du prince, mais de l'administration de ministres habiles et vertueux.

*Le **Dixième** Chapitre qui précède explique la* bonne administration *du royaume, et* la pacification de l'empire.

Tchou-hi ajoute : « Les *quatre premiers chapitres* du commentaire de Thsêng-tseu expliquent le but et le plan général de l'ouvrage, que les *six derniers* développent plus amplement; *le cinquième* est le plus important, comme expliquant les moyens par lesquels l'esprit acquiert la connaissance exacte des choses, et le *sixième* comme indiquant la raison ou le fondement de la perfection de oi-même. »

(Fin du Ta-Hio.)

www.ingramcontent.com/pod-product-compliance
Ingram Content Group UK Ltd.
Pitfield, Milton Keynes, MK11 3LW, UK
UKHW021644130726
13696UKWH00005B/2407